Origami Buch
für Beginner

Lizeth Smith

<u>Neugierig auf ein besseres Origami-Erlebnis?</u>

Scannen Sie jetzt unseren QR-Code und öffnen Sie die Tür zu nahtloser Kreativität mit Ihrem neu erworbenen Origami-Buch

SYMBOLS

Linien

———— Kantenlinie. Zeigt die Papierkante.

········· Geknickte Linie. Zeigt die Falzlinie vom vorherigen Schritt.

– – – – – Talfaltenlinie. Zeigt die Falz, wenn die Papierkante nach unten zeigt.

–·–·–·– Berg-Falzlinie. Zeig den Falz, wenn die Papierkante nach oben zeigt.

·············· Imaginäre Linie. Zeigt die Papierposition, nachdem der Schritt ausgeführt wurde.

Pfeile

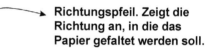 Richtungspfeil. Zeigt die Richtung an, in die das Papier gefaltet werden soll.

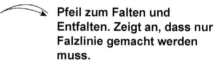 Pfeil zum Falten und Entfalten. Zeigt an, dass nur Falzlinie gemacht werden muss.

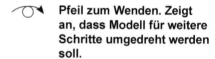 Pfeil zum Wenden. Zeigt an, dass Modell für weitere Schritte umgedreht werden soll.

▷ Quetschpfeil. Zeigt an, dass das Papier nach unten gedrückt werden muss.

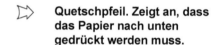 Pfeil zum Drehen. Zeigt die Richtung an, in die das Modell gedreht werden soll.

FALTEN

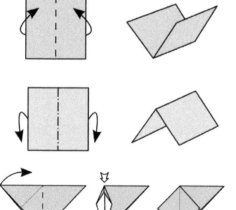

Talfalte

Falten Sie die Seiten nach oben und lassen Sie dabei die Faltkante nach unten gehen. Das Papier bildet eine Figur, ähnlich einem Tal.

Bergfalte

Falten Sie die Seiten nach unten und lassen Sie die Faltkante nach oben gehen. Das Papier bildet eine Figur, die einem Berg ähnelt.

Quetschfalte

Falten in zwei Stufen. Zuerst wird die Ecke senkrecht nach oben gefaltet und dann wird sie mit Hilfe von bereits vorgefertigten Linien nach unten gedrückt.

MODELL LISTE

HERZ

 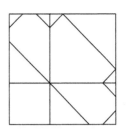

1 Beginne mit der weißen Seite nach oben.

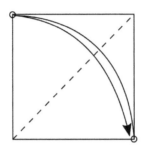

2 Falte und entfalte in der Hälfte diagonal.

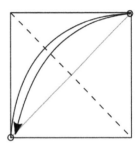

3 Falte und entfalte die andere Hälfte diagonal.

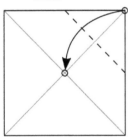

4 Falte die Ecke zum Mittelpunkt.

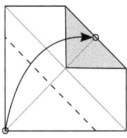

5 Falte die Ecke zum oberen mittleren Punkt.

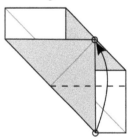

6 Falte die Ecke zum oberen Mittelpunkt.

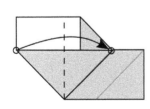

7 Falte die andere Ecke entsprechend.

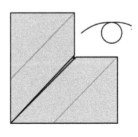

8 Drehe das Modell um.

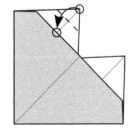

9 Falte die Ecke an den markierten Punkt.

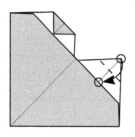

10 Falte die Ecke an den markierten Punkt.

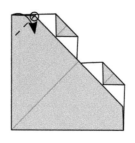

11 Falte die Ecke zum markierten Punkt.

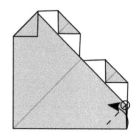

12 Falte die andere Ecke entsprechend.

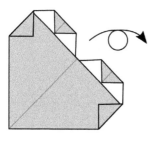

13 Drehe das Modell um.

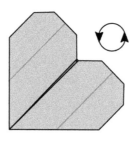

14 Drehe das Modell nach links.

15 Fertiges Herz!

SCHWAN

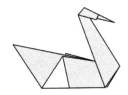 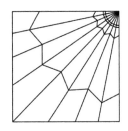

1 Beginne mit der weißen Seite nach oben.

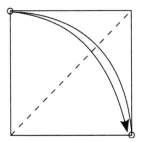

2 Falte und entfalte in der Hälfte diagonal.

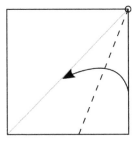

3 Falte die Seite an der diagonalen Linie.

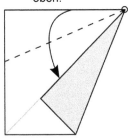

4 Falte die andere Seite zur diagonalen Linie.

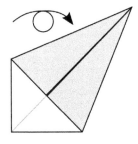

5 Drehe das Modell um.

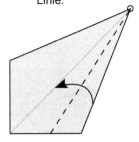

6 Falte die Seite zur diagonalen Linie.

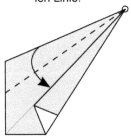

7 Falte die andere Seite an die diagonale Linie.

8 Falte die obere Ecke zur unteren.

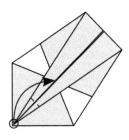

9 Falte die Ecke nach oben.

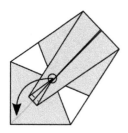

10 Falte die Ecke nach unten.

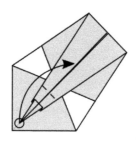

11 Falte die Ecke nach oben, um den Kopf zu bilden.

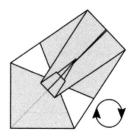

12 Drehe das Modell.

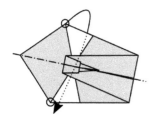

13 Falte das Modell hinten in die Hälfte.

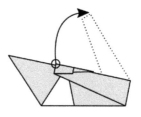

14 Hebe den Hals und den Kopf an.

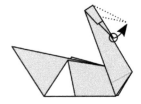

15 Hebe den Kopf hoch.

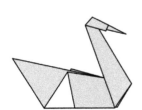

16 Fertiger Schwan!

FUCHS

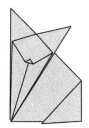 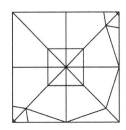

1 Beginne mit der weißen Seite nach oben.

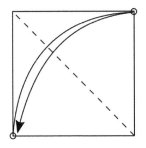

2 Falte und entfalte in der Hälfte diagonal.

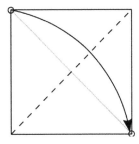

3 Falte und entfalte diagonal in die andere Richtung.

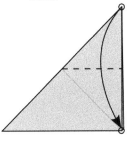

4 Falte die Ecke zum unteren Punkt.

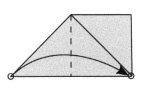

5 Falte die andere Ecke zum gleichen Punkt.

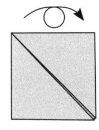

6 Drehe das Modell um.

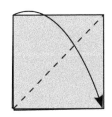

7 Falte das Modell diagonal in die Hälfte.

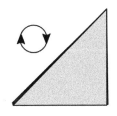

8 Drehe das Modell.

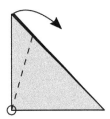

9 Falte alle Lagen nach rechts durch.

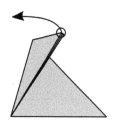

10 Klappe die oberste Lage wieder in die vorherige Position zurück.

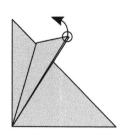

11 Falte die oberste Lage senkrecht nach oben.

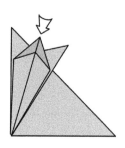

12 Quetschfalte nach unten, indem die Lagen zu den Seiten hin getrennt werden und der obere Teil nach unten gedrückt wird.

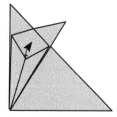

13 Falte die Spitze durch die beiden Lagen nach oben.

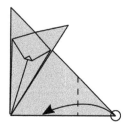

14 Falte die Ecke nach links.

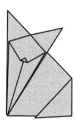

15 Fertiger Fuchs!

WAL

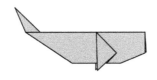

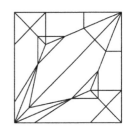

1 Beginne mit der weißen Seite nach oben.

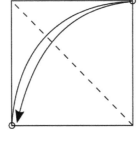

2 Falte und entfalte in der Hälfte diagonal.

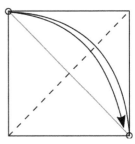

3 Falte diagonal in der Hälfte in die andere Richtung.

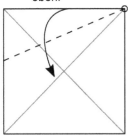

4 Falte die Ecke nach unten zum unteren Punkt.

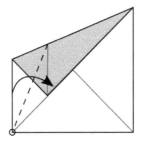

5 Falte die linke Kante an die Mitte.

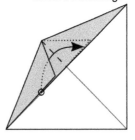

6 Nimm die verdeckte Ecke nach oben heraus.

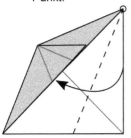

7 Falte die rechte Kante zur Mittellinie.

8 Falte die untere Kante zur Mittellinie.

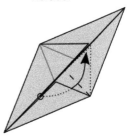

9 Nimm die verdeckte Ecke nach oben heraus.

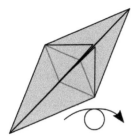

10 Dreh das Modell um.

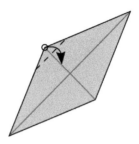

11 Falte die Ecke zur Mittellinie.

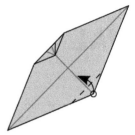

12 Falte die gegenüberliegende Ecke an der Mittellinie.

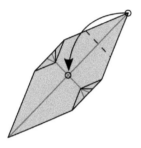

13 Falte die obere Ecke zum Mittelpunkt.

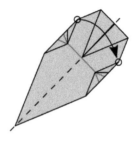

14 Falte das Modell in der Hälfte.

15 Falte die Ecke entsprechend dem markierten Punkt nach unten.

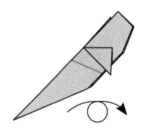

16 Drehe das Modell um.

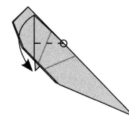

17 Falte die Ecke entsprechend dem markierten Punkt nach unten.

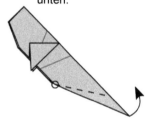

18 Falte die Ecke entsprechend dem markierten Punkt nach oben.

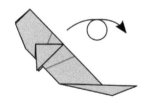

19 Dreh das Modell um.

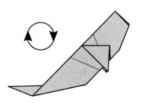

20 Drehe das Modell.

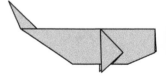

21 Fertiger Wal!

ENTE

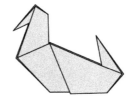 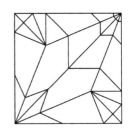

1 Beginne mit der weißen Seite nach oben.

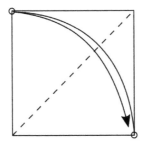

2 Falte und entfalte in der Hälfte diagonal.

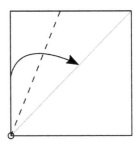

3 Falte die linke Kante zur Mittellinie.

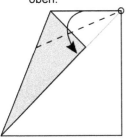

4 Falte die obere Kante an die Mittellinie.

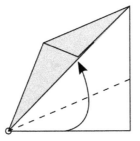

5 Falte die untere Kante an die Mittellinie.

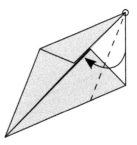

6 Falte die rechte Kante an die Mittellinie.

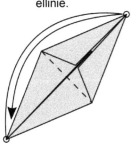

7 Falte und entfalte diagonal in der Hälfte.

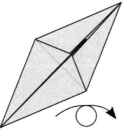

8 Drehe das Modell um.

9 Falte das Modell in der Hälfte zum oberen Punkt.

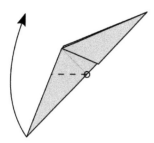

10 Falte die Ecke am markierten Punkt nach oben.

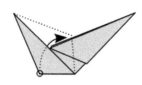

11 Nimm die verdeckte Ecke heraus und falte sie zur rechten Seite.

12 Falte die Ecke nach links.

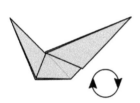

13 Drehe das Modell

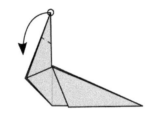

14 Falte die Ecke nach unten.

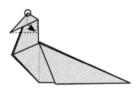

15 Falte die verdeckte Ecke nach oben.

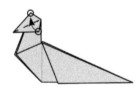

16 Falte die Ecke nach oben.

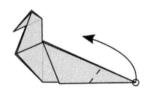

17 Falte die Ecke nach oben.

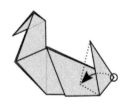

18 Nimm die verdeckte Ecke heraus und falte sie nach links.

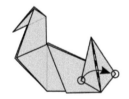

19 Falte die Ecke nach rechts.

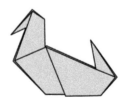

20 Fertige Ente!

SAILBOAT

 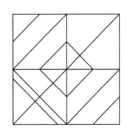

1 Beginne mit der weißen Seite nach oben.

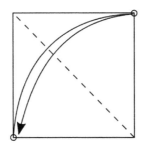

2 Falte und entfalte in der Hälfte diagonal.

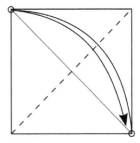

3 Falte und entfalte in der Hälfte diagonal in die andere Richtung.

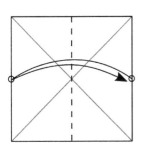

4 Falte und entfalte in der Hälfte senkrecht.

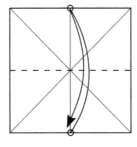

5 In der Hälfte horizontal falten und entfalten.

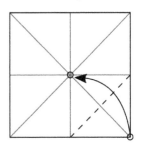

6 Falte die untere rechte Ecke zum Mittelpunkt.

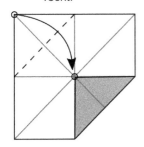

7 Falte die obere linke Ecke zum Mittelpunkt.

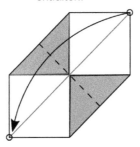

8 Falte die obere rechte Ecke an die untere linke Ecke.

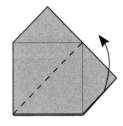

9 Falte die linke Kante senkrecht nach oben.

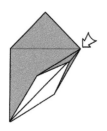
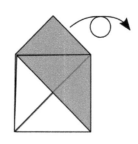
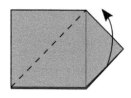

10 Falte die Kante nach unten, um das Modell fl ach zu machen.

11 Drehe das Modell um.

12 Falte die linke Kante senkrecht nach oben.

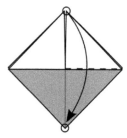

13 Klappe die Kante nach unten, um das Modell fl ach zu machen.

14 Drehe das Modell.

15 Falte die obere linke Ecke zum unteren Punkt.

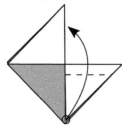
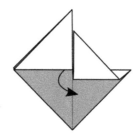
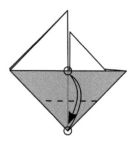

16 Falte die Ecke nach oben.

17 Bring die Papierlage von hinten nach vorne.

18 Falte und entfalte die untere Ecke bis zum Mittelpunkt.

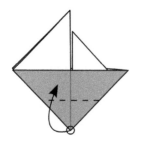
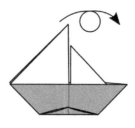
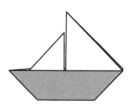

19 Falte die untere Ecke vertikal nach oben.

20 Dreh das Modell um.

21 Fertiges Segelboot!

PAPAGEI

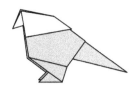 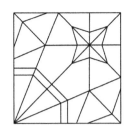

1 Beginne mit der weißen Seite nach oben.

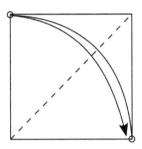

2 Falte und entfalte in der Hälfte diagonal.

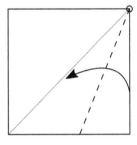

3 Falte die linke Kante zur Mitellinie.

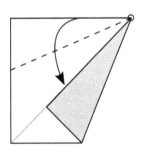

4 Falte die obere Kante an die Mittel-linie.

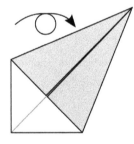

5 Dreh das Modell um.

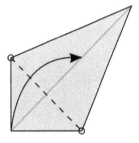

6 Falte die Ecke an der gestrichelten Linie nach oben.

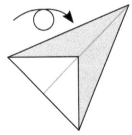

7 Dreh das Modell um.

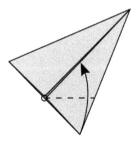

8 Falte die Ecke ge-mäß dem markierten Punkt zur Mitellinie.

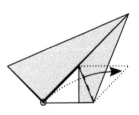

9 Nimm die verdeckte Ecke heraus und falte sie nach rechts.

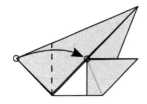 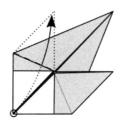 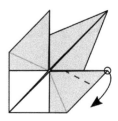

10 Falte die Ecke an den markierten Punkt.

11 Nimm die verdeckte Ecke nach oben.

12 Falte die Ecke nach unten.

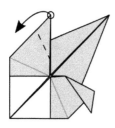 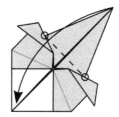 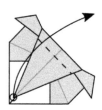

13 Falte die gegenüberliegende Ecke symmetrisch nach unten.

14 Falte die Ecke entsprechend den markierten Punkten nachunten.

15 Falte die Ecke nach oben.

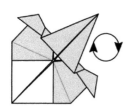 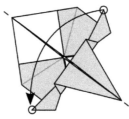 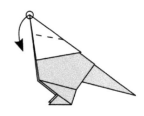

16 Drehe das Modell.

17 Falte das Modell nach unten.

18 Falte die Ecke nach unten.

  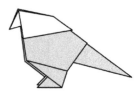

19 Nimm die verdeckte Ecke und falte sie nach unten.

20 Falte die Ecke zum oberen Punkt.

21 Fertiger Papagei!

LÖWE

 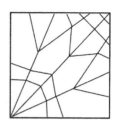

1 Beginne mit der weißen Seite nach oben.

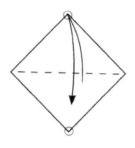

2 Falte und entfalte in der Hälfte diagonal.

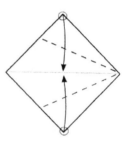

3 Falte die Ecken zur Mitte.

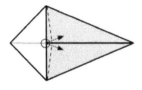

4 Falte die Lagen an den gestrichelten Linien nach innen.

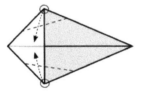

5 Falte an den gestrichelten Linien zurück.

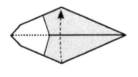

6 In der Hälfte falten.

7 Taschenfalte an den gestrichelten Linien.

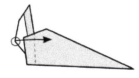

8 Öffne die vordere Lage an der gestrichelten Linien nach rechts.

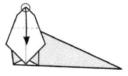

9 Bis zum markierten Punkt falten, um Kopf zu bilden.

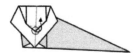

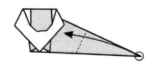

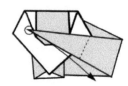

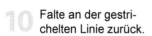

10 Falte an der gestri-
chelten Linie zurück.

11 Falte nach links an
der gestrichelten
Linie.

12 Schräg nach unten
falten.

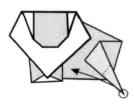

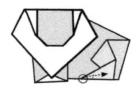

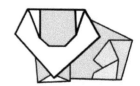

13 Falte bis zum
markierten Punkt.

14 Taschenfalte nach
innen in die gestri-
chelte Linie.

15 Fertiger Löwe!

KRÄHE

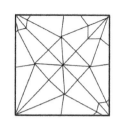

1 Beginne mit der weißen Seite nach oben.

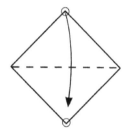

2 Falte in der Hälfte.

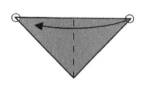

3 Falte das Modell an der markierten Stelle.

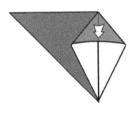

4 Quetschfalte die vordere Lage.

5 Drehe das Modell um.

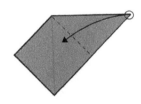

6 Quetschfalte die andere Seite.

7 Falte und entfalte die linke, rechte und obere Ecke zur Mitte.

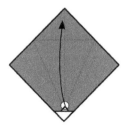

8 Hebe die untere Ecke nach oben.

9 Falte die linke und rechte Seite zusammen.

25

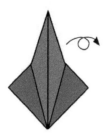

10 Drehe das Modell um.

11 Hebe die untere Ecke an.

12 Falte die untere recht< und linke Ecke an der gestrichelten Linien.

13 Falte die vordere Lage nach unten.

14 Falte den markierten Punkt an der gestrichelten Linie nach unten.

15 Falte in der Hälte.

16 Taschenfalte, um den Kopf zu bilden.

17 Fertige Krähe!

MAUS

 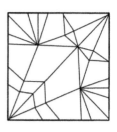

1 Beginnen mit der weißen Seite nach oben.

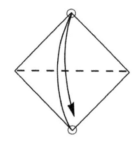

2 Falte und entfalte in der Hälfte diagonal.

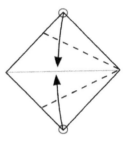

3 Falte die Ecken zur Mitte.

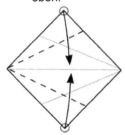

4 Falte die gestrichelte Linie ein.

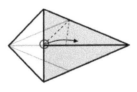

5 Falte an der gestrichelten Linie nach unten, sodass eine Tasche entsteht.

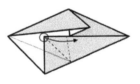

6 Falte die andere Seite.

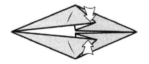

7 Glätte die Taschen.

8 Falte die Klappe nach hinten.

9 Falte die andere Klappe entsprechend.

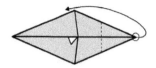 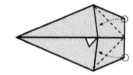 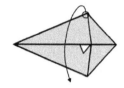

10 Falte die Spitze nach hinten.	**11** Falte an den gestrichelten Linien zurück.	**12** In der Hälfte falten.

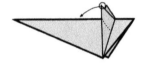  

13 Falte die Ohren zurück und öffne die Taschen.	**14** Öffne die Taschen, um Ohren zu formen.	**15** Falte die Taschen an den gestrichelten Linien.

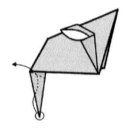  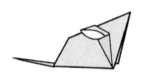

16 Falte die Taschen, um einen Schwanz zu bilden.	**17** Falte die Klappen nach innen.	**18** Fertige Maus!

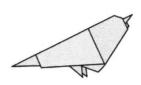
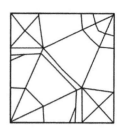

1. Beginne mit der weißen Seite nach oben.

2. Falte und entfalte in der Hälfte diagonal.

3. Falte die Ecken zur Mitte.

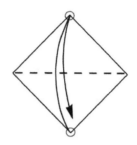

4. Falte die gestrichelten Linien ein.

5. Öffne die Taschen - gib die Ecken zu den markierten Punkten.

6. Glätte die Taschen.

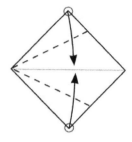
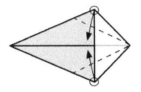
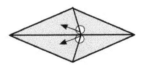
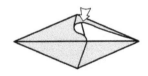

7. Falte die gestrichelten Linien ein.

8. Nach vorne falten.

9. Falte die beiden Seiten an den gestrichelten Linien.

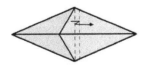
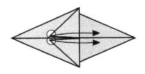
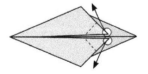

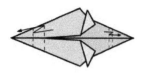 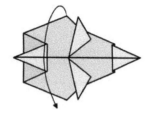 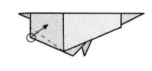

10 Klappfalte die beiden Seiten.

11 In der Hälfte falten.

12 Falte die beide Seiter nach innen.

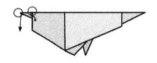 

13 Schnabel nach unten ziehen. Falte die Tasche am oberen Punkt des Kopfes nach innen.

14 Fertiger Spatz!

HUHN

 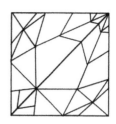

1 Beginne mit der weißen Seite nach oben.

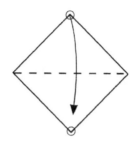

2 Falte und entfalte in der Hälfte diagonal.

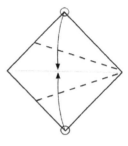

3 Falte die Ecken zur Mitte.

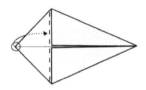

4 Falte die gestrichelten Linien ein.

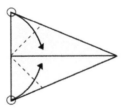

5 Falte die gestrichelten Linien ein.

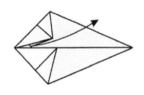

6 Ziehe die Tasche heraus.

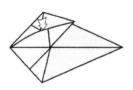

7 Falte die Tasche zusammen.

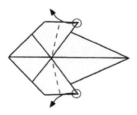

8 Falte die gestrichelten Linien ein.

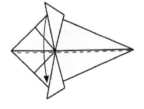

9 In der Hälfte falen.

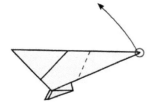

10 Taschenfalz an den gestrichelten Linien.

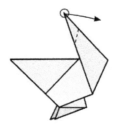

11 Falte den Kopf an der gestrichelten Linie ein.

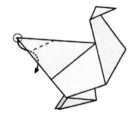

12 Falte den Schwanz an den gestrichelten Linien.

13 Falte die gestrichelten Linien ein.

14 Fertiges Huhn!

CAMEL

1 Beginne mit der weißen Seite nach oben.

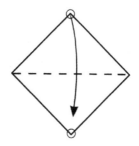

2 Falte in der Hälfte.

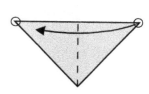

3 Falte das Modell an der markierten Stelle.

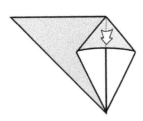

4 Falte die vordere Lage zusammen.

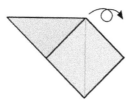

5 Drehe das Modell um.

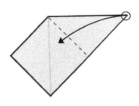

6 Quetschfalte die andere Seite.

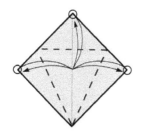

7 Falte und entfalte die linke, rechte und obere Ecke zur Mitte.

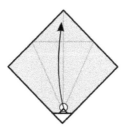

8 Hebe die untere Ecke nach oben.

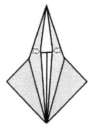

9 Falte die linke und rechte Seite zusammen.

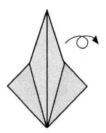

10 Drehe das Modell um.

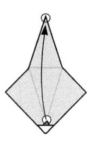

11 Hebe die untere Ecke an.

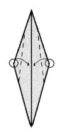

12 Falte die Ecken zur Mitte.

13 Falte die unteren Ecken diagonal nach oben und drehe sie um.

14 Falte die rechte Ecke nach unten und mach eine Einschubfalte.

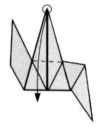

15 Falte die Ecken nach unten, um die vorderen Beine zu bilden.

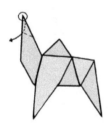

16 Falte die Quetschfalte nach unten, indem du die Lagen trennst und die Oberseite herunterdrückst.

17 Falte die Ecke nach innen.

18 Fertiges Kamel!

HASE

 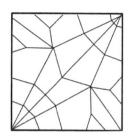

1 Beginne mit der farbigen Seite nach oben.

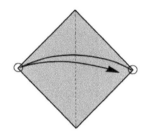

2 Falte und entfalte in der Hälfte diagonal.

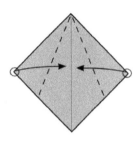

3 Falte das Modell an der markierten Stelle.

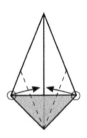

4 Falte die Ecken zur Mitte.

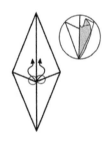

5 Öffne die Taschen und falte die Quetschfalte entsprechen des Bildes.

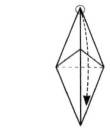

6 Falte an der gestrichelten Linie zurück.

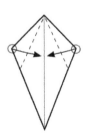

7 Falte die Ecken zur Mitte.

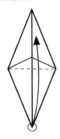

8 Falte an der gestrichelten Linie nach oben.

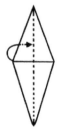

9 In der Hälfte falten.

 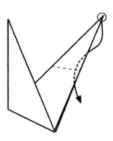 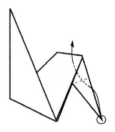

10 Taschenfalte bis zum markierten Punkt.

11 Taschenfalte nach unten an der gestrichelten Linie.

12 Falte die Tasche bis zum markierten Punk

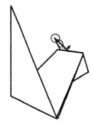 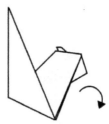 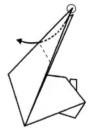

13 Nach innen falten.

14 Drehe das Modell.

15 Taschenfalte, um den Kopf zu formen.

16 Falte innen an der gestrichelten Linie.

17 Öffne die Taschen, um Ohren zu formen.

18 Fertiges Kaninchen!

SEEPFERDCHEN

 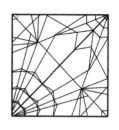

1 Beginne mit der weißen Seite nach oben.

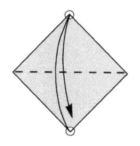

2 Falte und entfalte in der Hälfte diagonal.

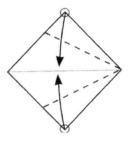

3 Falte die Ecken zur Mitte.

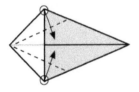

4 Falte die gestrichelte Linie.

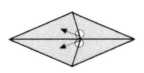

5 Öffne die Taschen, in dem du die Ecken zum markierten Punkt bewegst.

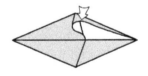

6 Glätte die Taschen.

7 Falte bis zur Hälfte.

8 Falte die Klappen an der gestrichelten Linie.

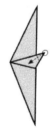

9 Nach innen falten.

10 Falte die beiden Lagen nach innen.

11 Taschenfalte an der gestrichelten Linie.

12 Taschenfalte nach vorne.

13 Nach innen falten.

14 Mach eine Stufenfalte.

15 Mach Stufenfalten an den gestrichelten Linien.

16 Fertiges Seepferdchen!

KATZE

 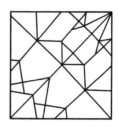

1 Beginne mit der weißen Seite nach oben.

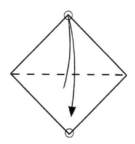

2 Falte und entfalte in der Hälfte diagonal.

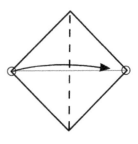

3 Falte und entfalte in der Hälfte.

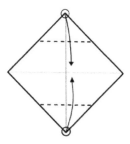

4 An den gestrichelten Linien falten.

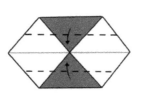

5 Zur Mitte falten.

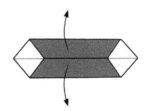

6 Falte die Lagen auseinander.

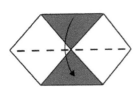

7 In der Hälfte falten.

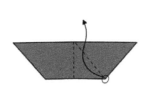

8 Taschenfalte und hebe die markierte Ecke nach oben.

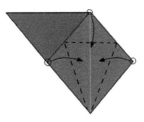

9 Die linke, rechte und obere Seite an den gestrichelten Linien falten und auffalten.

10 Falte die vordere Lage an den Falten nach oben.

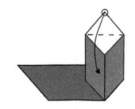

11 Falte an der gestrichelten Linie nach unten.

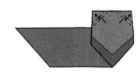

12 Schrittfalte, um die Ohren zu formen.

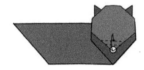

13 Falte nach oben und dann nach unten, um die Nase zu formen.

14 Falte und entfalte an der gestrichelten Linie.

15 Mache eine Taschenfaltung.

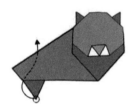

16 Falte die Tasche nach oben, um den Schwanz zu bilden.

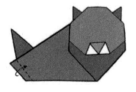

17 Falte nach innen an der gestrichelten Linie.

18 Fertige Katze!

HUND

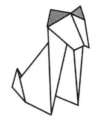 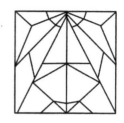

1 Beginne mit der weißen Seite nach oben.

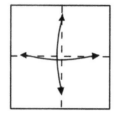

2 Falte und entfalte in der Hälfte.

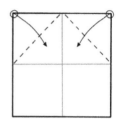

3 Falte die Ecken zur Mitte.

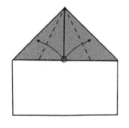

4 Falte die gestrichelten Linien ein.

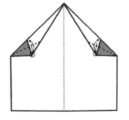

5 Falte und entfalte an den gestrichelten Linien.

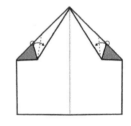

6 Nach innen bis zum markierten Punkt falten.

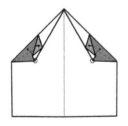

7 Dreieck leicht anheben und an den gestrichelten Linien einfalten.

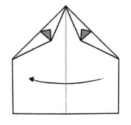

8 In der Hälfte falten.

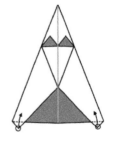

9 An den gestrichelten Linien nach oben falten.

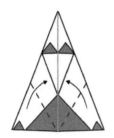

10 Nach innen falten.

11 An der gestrichelten Linie zurückfalten.

12 In der Hälfte falten.

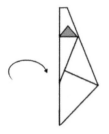

13 Drehe das Modell.

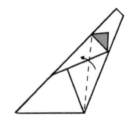

14 Falte die vordere Lage an der gestrichelten Linie.

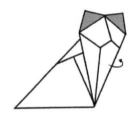

15 Falte die hintere Lage nach hinten.

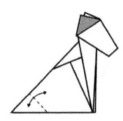

16 Falte und entfalte an der gestrichelten Linie.

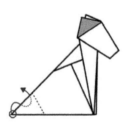

17 Taschenfalte an der gestrichelten Linie.

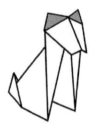

18 Fertiger Hund!

GRASHÜPFER

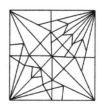

1 Beginne mit der weißen Seite nach oben.

2 Falte in der Hälfte diagonal.

3 Falte das Modell an der markierten Stelle.

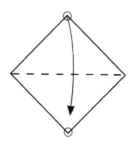
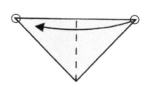
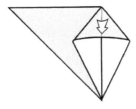

4 Quetschfalte die vordere Lage.

5 Drehe das Modell um.

6 Quetschfalte die andere Seite.

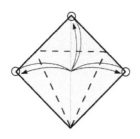
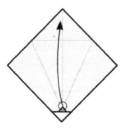
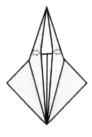

7 Falte und entfalte die linke, rechte und obere Ecke zur Mitte.

8 Hebe die untere Ecke nach oben.

9 Falte die linke und rechte Seite zusammen.

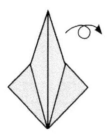 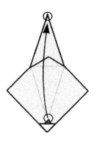 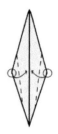

10 Drehe das Modell um.

11 Hebe die untere Ecke nach oben.

12 Falte die Ecken zur Mitte.

  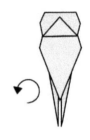

13 Falte die gestrichelte Linie ein.

14 Falte an der gestrichelten Linie nach hinten.

15 Drehe das Modell um.

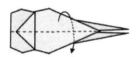  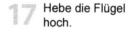

16 Falte in der Hälfte.

17 Hebe die Flügel hoch.

18 Falte die Beine an de gestrichelten Linien nach oben.

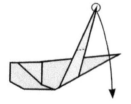 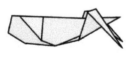

19 Falte an den gestrichelten Linien nach unten.

20 Fertiger Grashüpfer!

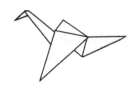
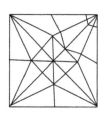

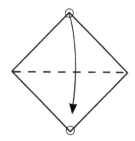

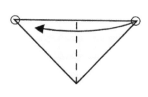

1 Beginne mit der weißen Seite nach oben.

2 Falte in der Hälfte.

3 Falte das Modell an der markierten Stelle.

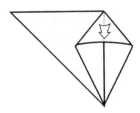

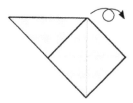

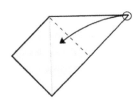

4 Quetschfalte die vordere Lage.

5 Drehe das Modell um.

6 Quetschfalte die andere Seite.

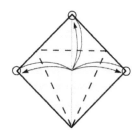

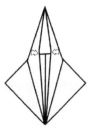

7 Falte und entfalte die linke, rechte und obere Ecke zur Mitte.

8 Hebe die untere Ecke nach oben.

9 Falte die linke und rechte Seite zusammen.

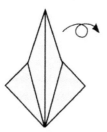

Drehe das Modell um.

Hebe die untere Ecke nach oben.

Falte die vordere und hintere Lage an der gestrichelten Linie.

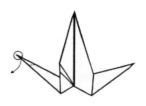

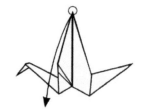

Falte die Taschenfalte an den gestrichelten Linien.

Falte die Taschenfalte an den gestrichelten Linien.

Falte die Flügel nach unten.

Fertiger flatternder Vogel! Ziehe am Schwanz um die Flügel zu schlagen.

ELASMOSAURUS

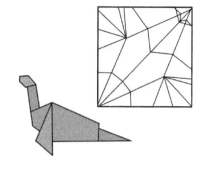

1 Beginne mit der weißen Seite nach oben.

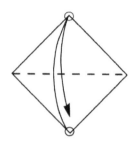

2 Falte und entfalte in der Hälfte diagonal.

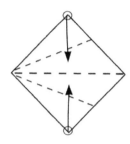

3 Falte die Ecken zur Mitte.

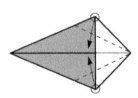

4 Falte die gestrichelten Linien ein.

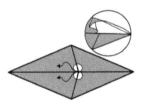

5 Öffne die Taschen und falte sie wie auf dem Bild.

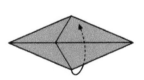

6 In der Hälfte falten.

7 Falte nach rechts an der gestrichelten Linie.

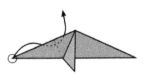

8 Taschenfalte zum markierten Punkt, um den Hals zu bilden.

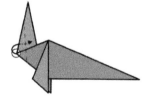

9 Falte nach innen an der gestrichelten Linie.

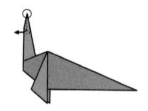

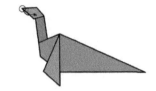

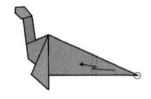

10 Falte den Kopf an der gestrichelten Linie nach unten und bilde eine Taschenfalte.

11 Nach innen falten.

12 Mach eine Stufenfalte um den Schwanz zu bilden.

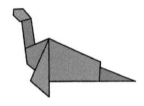

13 Fertiger Elasmosaurus!

SAMURAI-HELM

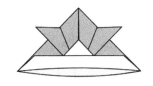
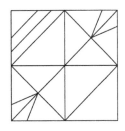

1 Beginne mit der weißen Seite nach oben.

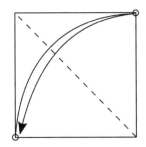

2 Falte und entfalte in der Hälfte diagonal.

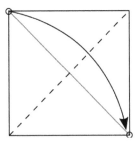

3 Falte in der anderen Richtung in Hälfte diagonal.

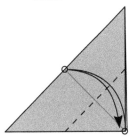

4 Ecke zum oberen Punkt falten und auffalten.

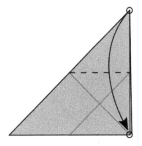

5 Falte die Ecke zum unteren Punkt.

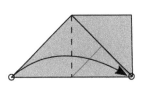

6 Falte die gegenüberliegende Ecke an den unteren Punkt.

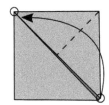

7 Falte die Ecke zum oberen Punkt.

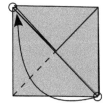

8 Falte die gegenüberliegende Ecke an den oberen Punkt.

9 Falte und entfalte die Klappe zur rechten Ecke.

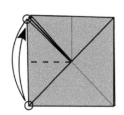

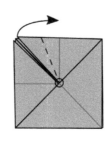

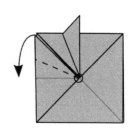

10 Falte und entfalte die Klappe zur unteren Ecke.

11 Falte die Klappe zur unteren Ecke.

12 Falte die Klappe an der Linie nach unten.

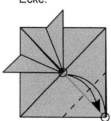

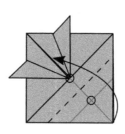

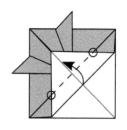

13 Falte und entfalte die obere Lage bis zum oberen Punkt.

14 Falte die obere Lage entsprechend den markierten Punkte nach oben.

15 Falte die oberste Lage erneut entsprechendder markierten Punkte nach oben.

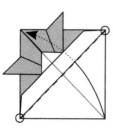

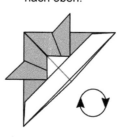

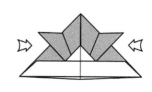

16 Falte die Ecke ins Innere des Modells.

17 Drehe das Modell.

18 Schieb die Seiten, um das Modell 3D zu machen.

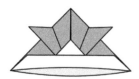

19 Fertiger Samurai-Helm!

ZIKADE

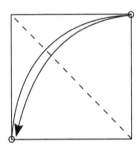

1 Falte und entfalte in der Hälfte diagonal.

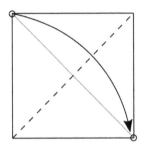

2 Falte diagonal in der Hälfte in die andere Richtung.

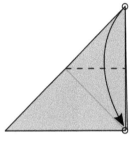

3 Falte die Ecke nach unten zum unteren Punkt.

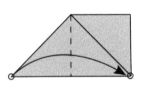

4 Falte die Ecke zum gleichen Punkt.

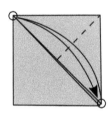

5 Falte und entfalte die Ecke bis zum oberen Punkt.

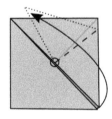

6 Falte die Ecke entsprechend dem markierten Punkt nach oben.

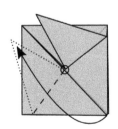

7 Falte die andere Ecke entsprechend dem markierten Punkt nach oben.

8 Falte die obere Lage an der Mittellinie nach oben.

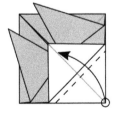

9 Falte die untere Lage an der Mittellinie nach oben.

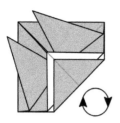

10 Drehe das Modell.

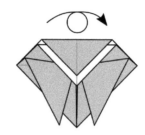

11 Drehe das Modell um.

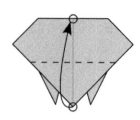

12 Falte die Ecke zum oberen mittleren Punkt.

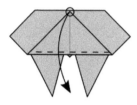

13 Falte die ecke nach unten und lass ein wenig Platz zwischend en Falten.

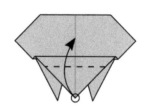

14 Falte die Ecke an der Mittellinie nach oben.

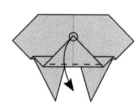

15 Falte die Ecke nach unten und lass Platz zwischen den Falten.

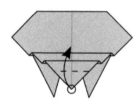

16 Falte die Ecke an der Mittellinie nach oben.

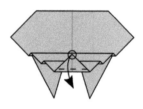

17 Falte die Ecke nach unten und lass etwas Platz zwischen den Falten.

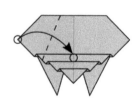

18 Falte die linke Kante an der Mittellinie.

19 Falte die rechte Kante an

20 Drehe das Modell um.

21 Fertige Zikade!

TAUBE

 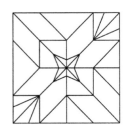

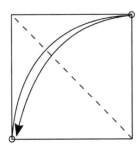

1 Falte und entfalte in der Hälfte diagonal.

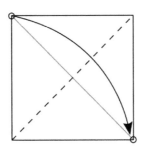

2 Falte diagonal in der Hälfte in die andere Richtung.

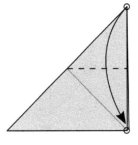

3 Falte die Ecke nach unten zum unteren Punkt.

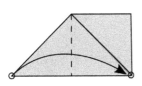

4 Falte die andere Ecke zum gleichen Punkt.

5 Falte und entfalte die Ecke zum oberen Punkt.

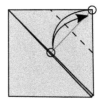

6 Falte und entfalte die obere rechte Ecke zum markierten Punkt.

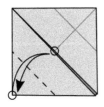

7 Falte und entfalte die untere linke Ecke bis zum markierten Punkt.

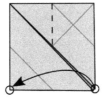

8 Falte die untere rechte Ecke an die untere linke Ecke.

9 Quetsche das Papier nach unten, damit das Modell fl ach liegt.

53

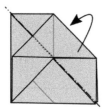

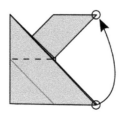

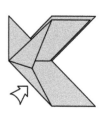

10 Falte das Modell in derHälfte, indem du denrechten Teil nach hinten faltest.

11 Falte die untere rechte Ecke zur oberen rechte Ecke.

12 Quetsche das Papier nach unten, damit das Modell fl ach liegt.

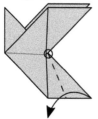

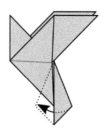

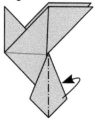

13 Falte die Ecke entsprechend dem markierten Punkt nach unten.

14 Nimm die verdeckte Papierlage an der linken Seite heraus.

15 Falte die rechte Kante nach hinten.

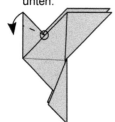

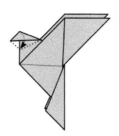

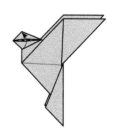

16 Falte die Ecke am markierten Punkt nach unten.

17 Gib die verdeckte Papierlage nach unten.

18 Falte die untere Kante nach oben.

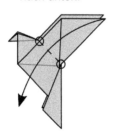

19 Falte die Ecke entsprechend den markierten Punkten nach unten.

20 Falte die Ecke entsprechend dem markierten Punkt wieder nach oben.

21 Fertige Taube!

WELS

 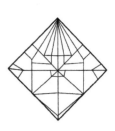

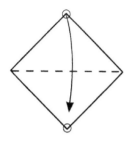

1 Falte diagonal zur Hälfte.

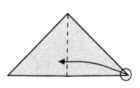

2 Falte die gestrichelten Linien ein.

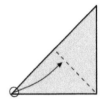

3 Hebe die Ecke an.

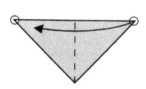

4 In der Hälfte falten.

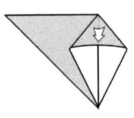

5 Mache eine Quetschfalte.

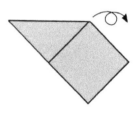

6 Drehe das Modell um.

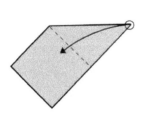

7 Mache eine Quetschfalte auf der anderen Seite.

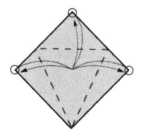

8 Falte und entfalte die linke, recht und obere Ecke zur Mitte.

9 Falte an der gestrichelten Lnie.

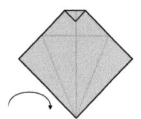

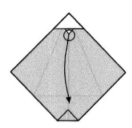

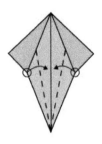

10 Drehe das Modell um.

11 Falte die vordere Lage an den Falten nach unten.

12 Falte die beiden Seiten zur Mitte.

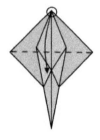

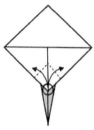

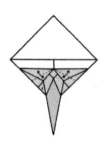

13 Falte an der gestrichelten Linie.

14 Falte an den gestrichelten Linien nach oben.

15 Falte und entfalte an den gestrichelten Linien.

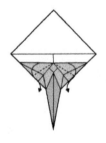

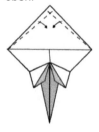

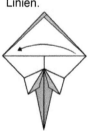

16 Falte nach unten und öffne die Taschen.

17 Falte die Innenseite bis zur markierten Stelle.

18 In der Hälfte falten.

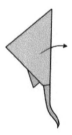

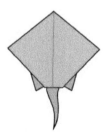

19 Forme den Schwanz.

20 Falte das Modell auseinander.

21 Fertiger Wels!

DINOSAURIER

 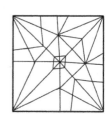

1 Falte die Ecke zur anderen Ecke.

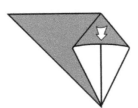

2 Mache eine Quetschfalte.

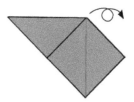

3 Drehe das Modell um.

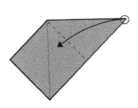

4 Quetschfalte die andere Seite.

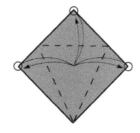

5 Falte und entfalte die linke, rechte und obere Ecke zur Mitte.

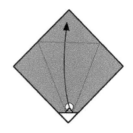

6 Hebe die untere Ecke nach oben.

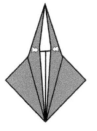

7 Falte die linke und rechte Seite zusammen.

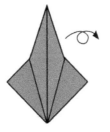

8 Drehe das Modell um.

9 Hebe die Ecke an den Falten hoch.

10 Falte an der gestrichelten Linie nach unten.

11 In der Hälfte falten.

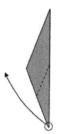

12 Diagonal nach oben falten, um die Beine zu bilden.

13 Falte und entfalte an der gestrichelten Linie.

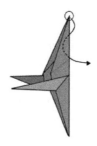

14 Taschenfalte, um den Hals zu bilden.

15 Falte und entfalte an der gestrichelten Linie.

16 Taschenfalte an der gestrichelten Linie.

17 Falte nach innen.

18 Mache eine Taschenfalte.

19 Falte und entfalte an der gestrichelten Linie.

20 Mach eine Taschenfalte.

21 Fertiger Dinosaurier!

BASIC-FLIEGER

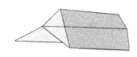

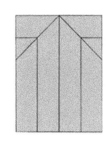

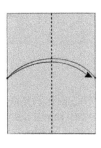

1 Falte und entfalte das Papier in der Hälfte.

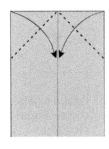

2 Falte die beiden oberen Ecken in die Mittellinie.

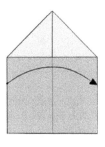

3 Falte das Papier erneut in der Hälfte.

4 Falte die oberste Lage in der Hälfte.

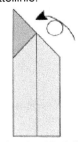

5 Drehe das Modell um.

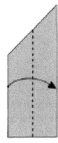

6 Falte die obere Schicht in der Hälfte.

7 Öffne das Modell, indem du die Flügel nach oben drückst.

8 Fertiger Basic-Flieger!

BRUMM-FLIEGER

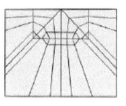

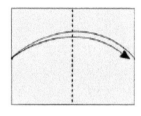

1 Falte und entfalte das Papier in der Hälfte.

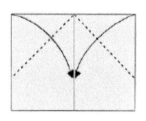

2 Falte die beiden oberen Ecken in die Mittellinie.

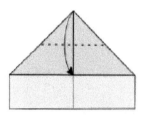

3 Falte die Oberseite bis zur Kante der vorherigen Falte.

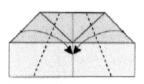

4 Falte die oberen Seiten bis zur Mittellinie.

5 Drehe das Modell um.

6 Falte die Oberseite etwa 0,5 cm zu dir hin.

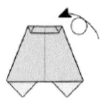

7 Drehe das Modell um.

8 Falte das Flugzeug in der Hälfte.

9 Falte die obere Lage, um einen Flügel zu bilden. Der Hauptteil sollte 0,5 cm groß sein.

Drehe das Modell um.

 Falte die obere Lage, um den zweiten Flügel zu bilden.

 Öffne das Modell, indem du die Tragflächen nach oben drückst.

 Fertig ist der Brumm-Flieger!

SEEGLEITER

 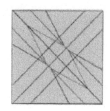

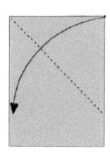

1 Falte das Papier diagonal.

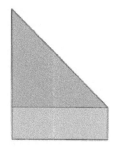

2 Schneide das überstehende Stück am unteren Rand ab.

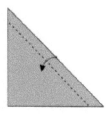

3 Falte die obere Kante etwa 2,5 cm um.

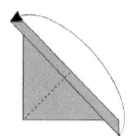

4 Falte das Modell in der Hälfte.

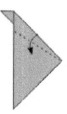

5 Falte die obere Lage der Oberkante um.

6 Drehe das Modell um.

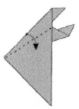

7 Falte die obere Kante wie die vorherige um.

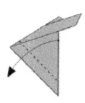

8 Falte die obere Lage nach außen, um einen Flügel zu bilden.

9 Drehe das Modell um.

10 Wiederhole den Vorgang mit der anderen Seite, um den zweiten Flügel zu erstellen.

11 Füge ein paar Klammern an der Vorderseite hinzu, um der Spitze etwas Gewicht zu verleihen.

12 Fertig ist das Seegleiter!

JAGD-FLIEGER

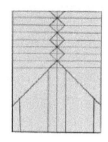

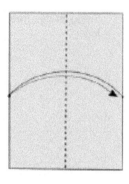

1 Falte und entfalte das Papier in der Hälfte.

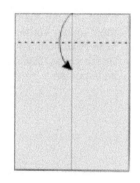

2 Falte die obere Kante etwa 5 cm nach unten.

3 Falte die gefaltete Kante erneut.

4 Mache das Gleiche noch einmal.

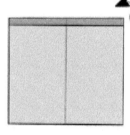

5 Drehe das Modell um.

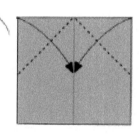

6 Falte die beiden oberen Ecken in die Mittellinie.

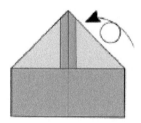

7 Drehe das Modell um.

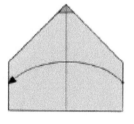

8 Falte das Flugzeug in der Hälfte.

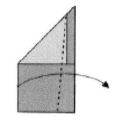

9 Falte die oberste Lage so, dass eine Tragfläche entsteht.

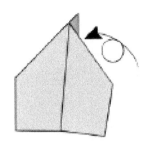

10 Drehe das Modell um.

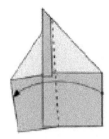

11 Falte die obere Lage, um den zweiten Flügel zu bilden.

12 Falte die obere Flügelkante etwa 1 cm.

13 Drehe das Modell um.

14 Falte die zweite Tragfläche auf die gleiche Weise.

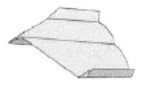

15 Fertiger Jagd-Flieger!

ROYAL-
FLIEGER

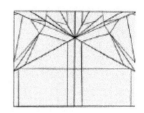

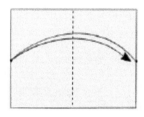

1 Falte und entfalte das
Papier in der Hälfte.

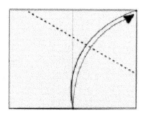

2 Falte und entfalte die
obere rechte Ecke
bis zum Ende der
Mittellinie.

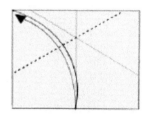

3 Mach dasselbe mit
der linken Ecke.

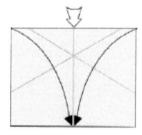

4 Falte beide oberen
Ecken bis zum Ende
der Mittellinie und
drücke das Papier
nach unten.

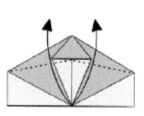

5 Falte die beiden
Laschen im Boden
nach oben.

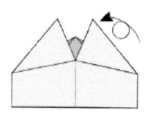

6 Drehe das Modell
um.

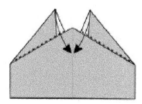

7 Falte die Klappenen-
den zu dir hin.

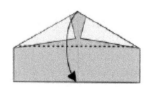

8 Falte das Modell in der
Hälfte zu dir hin.

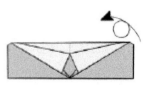

9 Drehe das Modell
um.

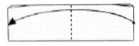

10 Falte das Modell vertikal in der Hälfte.

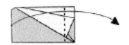

11 Die obere Schicht zu einem Flügel falten. Der Körper sollte etwa 1 cm groß sein.

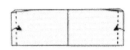

12 Falte die Flügelspitzen nach oben.

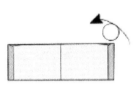

13 Drehe das Modell um.

14 Falte die obere Lage, um den zweiten Flügel zu bilden.

15 Fertiger Royal-Flieger!

STERN-FLIEGER

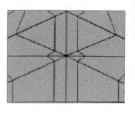

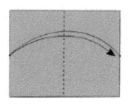

1 Falte und entfalte das Papier in der Hälfte.

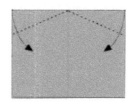

2 Falte die oberen Ecken zur mittleren horizontalen Linie.

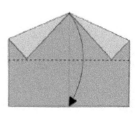

3 Falte das Modell in der Hälfte zu dir hin.

4 Falte die oberen Ecken zur unteren Kante.

5 Falte den Flieger in der Hälfte.

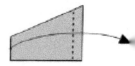

6 Falte die obere Schicht, um einer Flügel zu bilden. Der Hauptteil soll ca. 1 cm groß sei

7 Falte die Flügelspitzen ca. 0,5 cm.

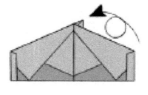

8 Drehe das Modell um.

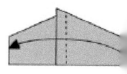

9 Falte die oberste Lage, um die zwe te Tragfläche zu bilden. Spreize die Flügel und Spizen.

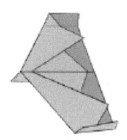

10 Fertiger Stern-Flieger!

Das UFO

1 Schneide die unteren Ecken aus, um es abzurunden. Falte und entfalte es in der Hälfte.

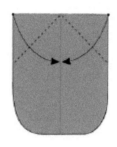

2 Falte die oberen Ecken bis zur Mittellinie.

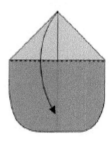

3 Falte die Spitze 5 cm vor der unteren Kante nach unten.

4 Falte die oberen Ecken jeweils etwa zur Hälfte nach unten.

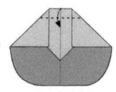

5 Falte die obere Kante ca. 2,5 cm nach unten.

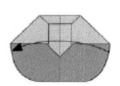

6 Falte das Modell in der Hälfte.

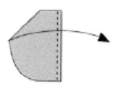

7 Falte die oberste Lage so, dass ein Flügel entsteht.

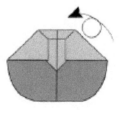

8 Drehe das Modell um.

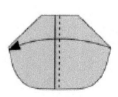

9 Falte die obere Lage, um den zweiten Flügel zu bilden.

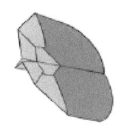

10 Fertiges UFO!

V-FLÜGEL

 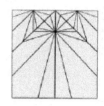

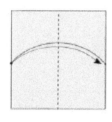

1 Schneide den Boden ab, so dass ein perfektes Quadrat entsteht. Falte und entfalte es in der Hälfte.

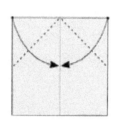

2 Falte die beiden oberen Ecken in die Mittellinie.

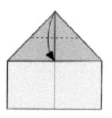

3 Falte den oberen Teil bis zur Kante der vorherigen Falte.

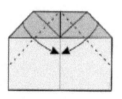

4 Falte die oberen Ecken wieder in die Mitte.

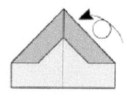

5 Drehe das Modell um.

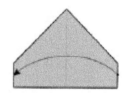

6 Falte das Modell in der Hälfte.

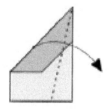

7 Falte die obere Lage wie abgebildet zu einem Flügel.

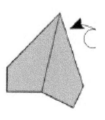

8 Drehe das Modell um.

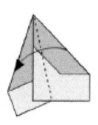

9 Falte die obere Lage, um den zweiten Flügel zu bilden.

10 Fertiger V-Flügel!

Segelflieger

1 Falte und entfalte das Papier in der Hälfte.

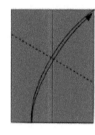

2 Falte die obere rechte Ecke nach unten zur Mitte der linken Hälfte.

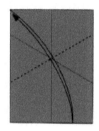

3 Entfalte es und mache dasselbe mit der linken Ecke.

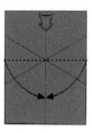

4 Falte alles entlang der Linien und falte die Mitte nach innen.

5 Falte die äußeren Laschen bis zur Mittellinie.

6 Falte den mittleren Teil nach oben.

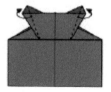

7 Falte die Klappenenden von dir weg.

8 Falte sie erneut.

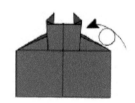

9 Drehe das Modell um.

10 Falte es in der Hälfte.

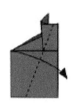

11 Falte die obere Lage, um den Flügel zu bilden.

12 Falte sie ein weiteres Mal wie gezeigt.

13 Drehe das Modell um.

14 Mach den zweiten Flügel.

15 Falte ihn noch einmal wie den ersten.

16 Fertiger Segelflieger!

DAS QUADRAT

 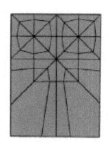

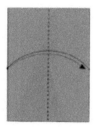

1 Falte und entfalte das Papier in der Hälfte.

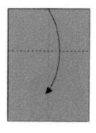

2 Falte die Oberseite nach unten, so dass die Hälfte eines Quadrats entsteht.

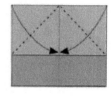

3 Falte die oberen Ecken zur Mittellinie.

4 Falte alles wieder auf.

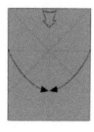

5 Klappe die Seiten ein und drücke das Modell nach unten.

6 Falte die Klappen bis zur Mittellinie.

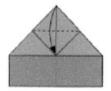

7 Falte die Spitze wie gezeigt nach unten.

8 Falte das Flugzeug in der Hälfte.

9 Falte die obere Lage, um eine Tragfläche zu bilden.

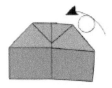 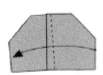 

10 Drehe das Modell um.

11 Falte die obere Lage, um den zweiten Flügel zu erhalten.

12 Fertiger Segelflieger!

WEISSE TAUBE

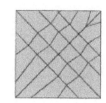

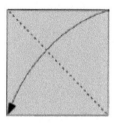

1 Falte das Papier diagonal in der Hälfte.

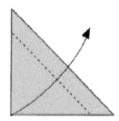

2 Falte die Spitze nach oben, so dass ca. 4 cm übrig bleiben.

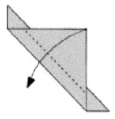

3 Falte nun die obere Lage wie gezeigt zurück.

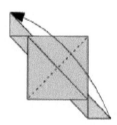

4 Falte das Modell in der Hälfte.

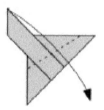

5 Die obere Schicht zu einem Flügel falten.

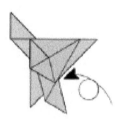

6 Dreh das Modell um.

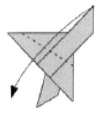

7 Falte die obere Lage, um den zweiten Flügel zu machen.

8 Falte die untere Ecke nach innen, um einen Schnabel zu bilden.

9 Falte den Flügel wie gezeigt.

10 Dreh das Modell um.

11 Falte den zweiten Flügel auf die gleiche Weise.

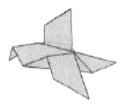

12 Fertige weiße Taube!

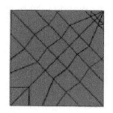

ADLERAUGE

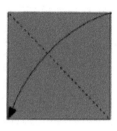

1 Falte das Papier diagonal in der Hälfte.

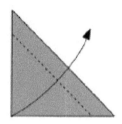

2 Falte die Spitze nach oben, so dass etwa 4 cm übrig bleiben.

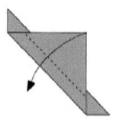

3 Falte nun die obere Lage wie gezeigt zurück.

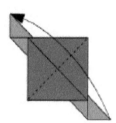

4 Falte das Modell in der Hälfte.

5 Die obere Schicht zu einem Flügel falten.

6 Drehe das Modell um.

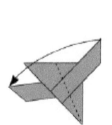

7 Falte die obere Lage, um den zweiten Flügel zu bilden.

8 Falte die obere Ecke nach innen, um ein Heck zu bilden.

9 Falte den Flügel wie gezeigt.

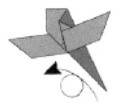

10 Drehe das Modell um.

11 Falte den zweiten Flügel auf die gleiche Weise.

12 Falte den zweiten Flügel auf die gleiche Weise.

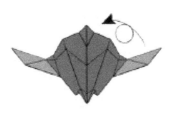

13 Falte die Ecke ein wenig zu dir hin, damit ein Schnabel entsteht.

14 Drehe das Modell um.

15 Fertiges Adlerauge!

UNDERSIDE-FLIEGER

 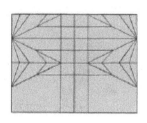

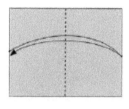

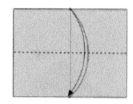

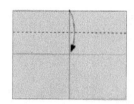

1 Falte und entfalte das Papier in der Hälfte.

2 Falte und entfalte das Papier in der Hälfte horizontal.

3 Falte die obere Kante so, dass sie auf die Mittellinie trifft.

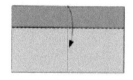

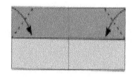

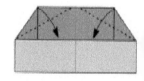

4 Falte die obere Kante an der Mittellinie.

5 Falte die oberen Ecken bis zur vorherigen Faltlinie.

6 Falte die oberen Ecken so, dass sie wieder auf die horizontale Linie treffen.

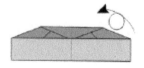

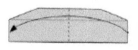

7 Falte nun die obere Kante auf dieselbe Linie.

8 Drehe das Modell um.

9 Falte das Flugzeug in der Hälfte.

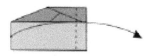  

10 Falte nun die obere Lage, um eine Tragfläche zu erhalten. Das Hauptteil soll ca. 2,5 cm groß sein.

11 Drehe das Modell um.

12 Falte die obere Lage, um eine zweite Tragfläche zu erhalten.

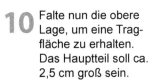

13 Fertiger Undersi-de-Flieger!

LOOP-FLIEGER

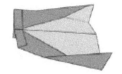 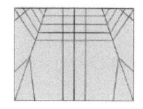

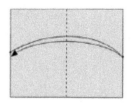

1 Falte und entfalte das Papier in der Hälfte.

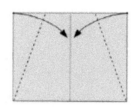

2 Falte die oberen Ecken wie gezeigt zur Mittellinie.

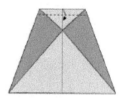

3 Falte die obere Kante etwa 1 cm nach unten.

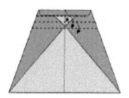

4 Wiederhole den vorherigen Schritt noch 3 Mal.

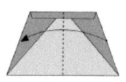

5 Falte das Modell in der Hälfte.

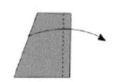

6 Falte die obere Lage, um einen Flügel zu bilden.

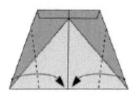

7 Falte beide Flügel, um die Klappen zu bilden.

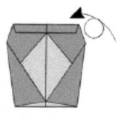

8 Drehe das Modell um.

9 Falte die obere Lage, um den zweiten Flügel zu bilden.

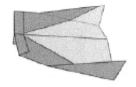

10 Fertiger Loop-Flieger!

TARNKAPPEN-GLEITER

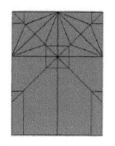

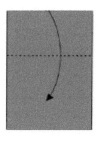

1 Falte die Oberseite nach unten, so dass die Hälfte eines Quadrats entsteht.

2 Falte die oberen Ecken zur Mittellinie.

3 Falte alles wieder auf.

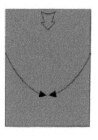

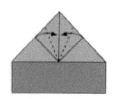

4 Falte die Seiten zur Mitte hin und drücke das Modell nach unten.

5 Falte die Laschen bis zur Mittellinie.

6 Wiederhole den vorherigen Schritt ein weiteres Mal.

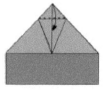

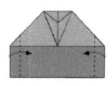

7 Falte die Spitze nach unten.

8 Falte die Seitenkanten.

9 Falte das Flugzeug von dir aus in der Mitte.

10 Fertiger Tarnkappen-Gleiter!

SPINNER-FLIEGER

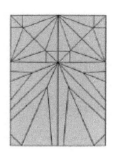

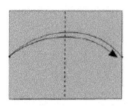

1 Falte die Oberseite nach unten, so dass die Hälfte eines Quadrats entsteht.

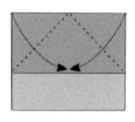

2 Falte die oberen Ecken zur Mittellinie.

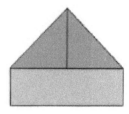

3 Falte alles wieder auf.

4 Falte die Seiten zur Mitte hin und drücke das Modell nach unten.

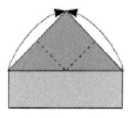

5 Falte die Klappen bis zur Mittellinie.

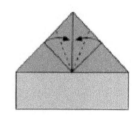

6 Wiederhole den vorherigen Schritt ein weiteres Mal.

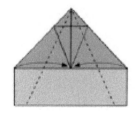

7 Falte die Kanten der unteren Lage zur Mittellinie.

8 Falte die obere Ecke nach unten.

9 Falte die obere Ecke nach unten.

10 Drehe das Modell um.

11 Falte die unteren Ecken nach oben.

12 Die obere Lage zu einem Flügel falten.

13 Drehe das Modell um.

14 Falte die obere Lage, um einen zweiten Flügel zu bilden.

15 Fertiger Spinner-Flieger!

DER RABE

1 Falte und entfalte das Papier in der Hälfte.

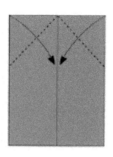

2 Falte und entfalte das Papier in der Hälfte horizontal.

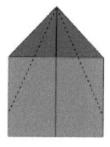

3 Falte die beiden oberen Kanten zur Mittellinie.

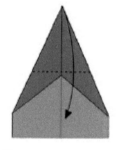

4 Falte die Spitze nach unten.

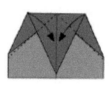

5 Falte die oberen Ecken zur Mittellinie.

6 Falte die Dreiecksklappe nach oben.

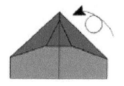

7 Drehe das Modell um.

8 Falte das Flugzeug in der Hälfte.

9 Falte die obere Lage zu einem Flügel.

 **10** Drehe das Modell um.

 **11** Falte die obere Lage, um den zweiten Flügel zu bilden.

 **12** Fertiger Spinner-Flieger!

Leichter Flieger

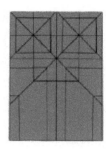

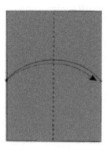

1 Falte und entfalte das Papier in der Hälfte.

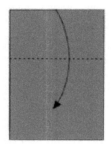

2 Falte die Oberseite nach unten, so dass die Hälfte eines Quadrats entsteht.

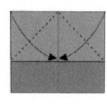

3 Falte die oberen Ecken zur Mittellinie.

4 Falte alles wieder auf.

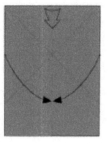

5 Falte die Seiten zur Mitte hin und drücke das Modell nach unten.

6 Falte die Spitze nach unten zur mittleren Kante.

7 Falte die Laschen zur Mitte.

8 Falte sie erneut zur Mittellinie.

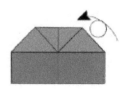

9 Drehe das Modell um.

10 Falte das Flugzeug in der Hälfte.

11 Falte die linken Kanten, um die Flügelklappen zu bilden.

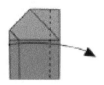

12 Falte die obere Lage, um einen Flügel zu bilden.

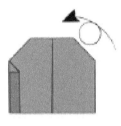

13 Drehe das Modell um.

14 Falte die obere Lage, um die zweite Tragfläche zu bilden.

15 Fertiger leichter Flieger!

WASSER-FLIEGER

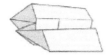

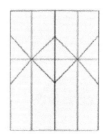

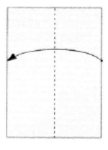

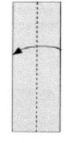

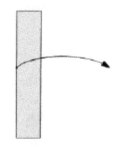

1 Falte das Papier in der Hälfte.

2 Falte es noch einmal in der Hälfte.

3 Falte das Papier wieder auf.

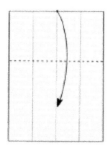

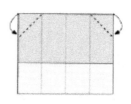

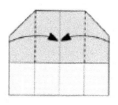

4 Falte das Papier etwa 5 cm vor der Kante nach unten.

5 Falte die oberen Ecken nach innen.

6 Klappe die oberen Klappen zur Mittel-linie.

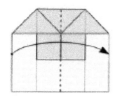

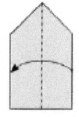

7 Falte den Flieger in der Hälfte.

8 Klappe die obere Ecke nach innen.

9 Falte die obere Lage wie gezeigt, um den Flügel zu bilden.

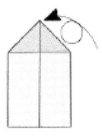  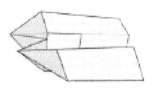

10 Drehe das Modell um.

11 Klappe den zweiten Flügel aus.

12 Fertiger Wasser-Flieger!

CROSS-FLIEGER

1 Falte und entfalte das Papier in der Hälfte.

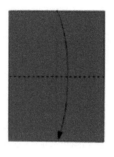

2 Falte es zur Hälfte in die andere Richtung.

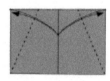

3 Falte die oberen Ecken wie gezeigt zur Mittellinie und falte sie auf.

4 Falte die Ecken akkordeonartig nach innen.

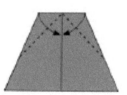

5 Falte die oberen Ecken zur Mittellinie.

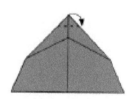

6 Falte die Spitze ca. 2,5 cm zurück.

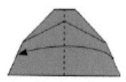

7 Falte das Modell in der Hälfte.

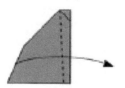

8 Falte die oberste Lage so, dass ein Flügel entsteht.

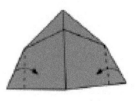

9 Falte die Flügelspitzen.

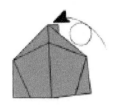

10 Drehe das Modell um.

11 Falte die obere Lage, um einen zweiten Flügel zu erhalten.

12 Fertiger Cross-Flieger!

Milton Keynes UK
Ingram Content Group UK Ltd.
UKHW020925201123
432908UK00021B/3199